MÉRIMÉE

Paris. — Typ. de Gaittet rue Git-le-Cœur, 7

Carey del et sc.   Imp. de Mangeon, fg. v. St Jacq Paris

MÉRIMÉE

Publié par G DAVARD

LES CONTEMPORAINS

MÉRIMÉE

PAR

EUGÈNE DE MIRECOURT

PARIS

GUSTAVE HAVARD, ÉDITEUR

19, BOULEVARD DE SÉBASTOPOL

rive gauche

L'Auteur et l'Éditeur se réservent tous droits de reproduction.

1859

MÉRIMÉE

Voici un homme heureux, et qui a eu le privilége de naître, pour ainsi dire, sous l'aile du génie des beaux-arts.

Prosper Mérimée fut baptisé à Saint-Germain des Prés, le 28 septembre 1803.

M. Louis Mérimée, son père, était tout à la fois un peintre de mérite et un écrivain remarquable.

Comme peintre, on lui doit le plafond de l'une des salles de sculpture du Louvre. Il a signé, comme écrivain, un traité fort estimé sur les procédés matériels de la peinture à l'huile, depuis Hubert et Jean Van Eyck jusqu'à nos jours.

Membre de la Société d'encouragement et secrétaire de l'école des Beaux-Arts, il conserva toute sa vie ce dernier titre.

L'enfance de Prosper Mérimée fut maladive.

Sa mère craignait à chaque instant de le perdre. Elle lui prodiguait les soins les plus assidus et les plus tendres. Ce fut elle qui se chargea de sa première éducation, et, sans contredit, l'écrivain lui doit cette sensibilité délicate qui fait la meilleure partie de son talent.

Quand Mérimée fut en âge d'aller au collége, on l'envoya suivre, comme externe, les cours du lycée Charlemagne.

Il s'y lia bientôt avec un camarade, qui devait plus tard devenir célèbre comme lui.

Ce camarade se nommait Michelet.

Plus heureux que Victor Hugo, qui, sur les bancs universitaires, n'obtint jamais qu'un accessit, et un accessit de physique, le jeune Prosper remporta suffisamment de palmes, aux fins d'année, pour exciter l'orgueil maternel; mais pas assez toutefois pour mériter le titre de héros du thème grec.

Notons, en passant, que la remarque n'a rien de désobligeant pour sa gloire.

Au sortir du collége, on le fit entrer à l'École de Droit.

Il étudia comme la plupart des jeunes gens riches étudient, c'est-à-dire qu'il s'occupa beaucoup de plaisirs et de littérature, mais fort peu des institutes.

Le doux regard de ces dames lui semblait préférable aux charmes du *corpus juris*, et Walter Scott ou madame de Staël étaient plus souvent entre ses mains que Cujas et Barthole.

A cette époque remonte un des premiers succès d'amour de Mérimée, le seul peut-être dont il conserve joyeux souvenir, car il marcha de pair avec un succès de mystification, et, — il faut bien l'apprendre à ceux qui l'ignorent, — l'illustre écrivain est un mystificateur de premier ordre, même en littérature.

Plus d'une fois, comme on le verra bientôt, il a fait tomber dans le piége de ses fantaisies le peuple le plus spirituel du globe.

Nous parlons du peuple français.

Mais arrivons à l'anecdote.

Prosper est âgé de vingt et un ans. Il distingue, dans le monde des bals et du théâtre, une fort jolie personne, maîtresse en titre de Cuvier.

Le jeune homme n'hésite pas un instant à combattre ce rival illustre; il entreprend le siége du cœur de la dame.

Or celle-ci, passablement forte en chiffres, établit ses comptes, et trouve qu'elle perdra beaucoup, au total de son budget, si elle préfère un jeune étudiant à un vieux pair de France.

Donc elle repousse l'aspirant avec perte.

Petits vers, bouquets à Chloris, instances, supplications, soupirs, désespoir, rien n'y fait.

Heureusement le jeune homme apprend de sa tigresse même que, depuis six mois, Cuvier ne rêve plus qu'autographes. Il donnerait le mylodon, les mégathéroïdes et tous les fossiles pour dix lignes, dix malheureuses lignes de la main de Robespierre.

— N'est-ce que cela? dit notre bouillant Renaud à sa cruelle Armide. On peut aisément satisfaire le bonhomme. Avant deux jours, je dépose à vos pieds la lettre la plus curieuse qu'ait jamais écrite le terrible Maximilien.

— Vrai?

— Je vous le jure.

— Pourquoi demandez-vous deux

jours? Cette lettre n'est donc pas en votre pouvoir?

— Non, mais je l'aurai, dit Prosper; dussé-je bouleverser le monde!

— Bien, je compte sur vous, dit la dame avec un sourire plein de promesses.

Mérimée est aux anges.

Le lendemain soir, il arrive en triomphateur et s'écrie :

— Je l'ai obtenu plus tôt que je ne pensais!

— L'autographe, monsieur?

— Oui, chère belle, l'autographe.

Effectivement, il montre à l'objet de

ses pensées une lettre de quatre pages, au bas de laquelle se trouve la signature de Maximilien Robespierre.

Après avoir récompensé de la bonne façon le zèle du jeune homme, la dame va présenter à Cuvier le précieux écrit.

Voilà notre savant dans la joie.

— Parbleu! s'écrie-t-il en se frottant les mains, Nodier ne m'écrasera plus avec son orgueilleuse collection. Jamais il n'a rien possédé de semblable!

Il court à l'Arsenal, afin de montrer la fameuse lettre au père de *Jean Sbogar*.

— Bien sûr, il va crever de jalousie, pensait Cuvier.

Le sentiment n'était point généreux.
Mais ce sont là plaisirs d'amateurs.

Charles Nodier parcourt la fameuse
lettre, et sa figure s'allonge considérablement. Il n'y a pas le moindre doute; c'est
bien un autographe de Maximilien. Voilà
son écriture, voilà son style. Ces quatre
pages s'adressent à Catherine Théot, la
fameuse illuminée d'Avranches, et le caractère énigmatique du farouche tribun
s'y dessine avec une rare netteté.

Bref, non-seulement cet écrit devien-
dra la perle d'un cabinet; mais encore
c'est une trouvaille, une véritable trouvaille pour l'histoire.

Nodier tombe avec accablement sur un
fauteuil.

— Il vous a coûté cher, n'est-ce pas ?
murmure-t-il. Vous êtes bien heureux
d'être riche !

— Eh ! non, dit le savant, on m'en a
fait cadeau. Cela ne me coûte pas une
obole.

— Allons donc !

— C'est comme j'ai l'honneur de vous
le dire.

Nodier reprend l'autographe, l'examine
dans tous les sens, le flaire, et s'approche
de la fenêtre pour le regarder au jour.

Tout à coup il tressaille et pousse un
petit cri nerveux.

— Qu'y a-t-il ? demande Cuvier.

— Rien, mon ami, rien, ou du moins peu de chose, dit le bibliothécaire sur un ton railleur, et procédant à un nouvel examen de la lettre, pour bien s'assurer qu'il n'était pas le jouet d'une erreur des sens.

Le nuage qui couvrait son front a disparu.

Ses traits se dérident comme par miracle, et le plus joyeux éclat de rire qui se soit jamais échappé des lèvres d'un poëte franc-comtois va frapper l'oreille et le cœur du savant.

— Mais enfin de quoi riez-vous? dit celui-ci, pâle d'inquiétude:

Nodier, sans répondre, lui fait signe de

venir à la fenêtre, lève en l'air la lettre de Maximilien, et lui montre le millésime de 1813, brillant dans la transparence du papier.

— Certes, dit-il, Robespierre était de première force, j'en conviens ; mais convenez à votre tour, mon ami, que cette force n'allait pas jusqu'à rédiger sa correspondance sur du papier fabriqué vingt ans après sa mort..... Ah ! ah ! la plaisanterie est délicieuse !

L'auteur de *Trilby* riait aux larmes.

Quant au naturaliste, il ressemblait à un homme écrasé d'un coup de foudre.

— Allons, allons, dit Nodier en lui frappant sur l'épaule, vous n'êtes pas un

2

fin collectionneur, et je suis encore votre maître.

-Cuvier sortit furieux.

Nous vous laissons à juger la scène qui se passa chez la dame. Il y eut des pleurs, des attaques de nerfs, et il fallut avouer, en fin de compte, de quelle source provenait l'autographe.

Le savant comprit son double malheur.

Il jeta des cris d'aigle et se plaignit partout de Mérimée.

Chacun se plut à reconnaître que le tour était un peu vif. Nodier seul persista vaillamment à le trouver impayable, et voua, dès cette époque, à Prosper une reconnais-

sance affectueuse et une estime sans bor-
nes.

Cependant Mérimée achevait ses études
de droit.

On le reçut avocat. Il se fit inscrire au
tableau de l'ordre, mais sans avoir le pro-
jet de plaider jamais la moindre cause.

Aux luttes ingrates de la jurisprudence
il préféra les doux loisirs d'un emploi lu-
cratif au ministère du commerce.

Ses goûts le portaient à la littérature,
et les bureaux lui laissaient presque tout
son temps.

Il se mit à l'œuvre avec courage.

Mais il savait combien les débuts sont

effrayants dans cette carrière, et à quels buissons pleins d'épines on se déchire avant de pouvoir suivre tranquillement le sentier de la gloire.

Mérimée cherchait un moyen d'aplanir les obstacles. En examinant les abords du domaine littéraire, il se dit :

— Voyons ! au lieu d'enfoncer la porte, si je sautais par-dessus le mur ?

Cette dernière manœuvre lui parut décidément la meilleure, et son premier livre, imprimé en 1825, est une publication sournoise qui a pour titre : *Théâtre de Clara Gazul.*

Le prudent auteur s'y couvrait du voile d'un double pseudonyme.

Non content d'attribuer à un personnage de pure fantaisie les pièces qu'il avait composées lui-même, il les fit précéder d'une notice biographique très-détaillée sur ce personnage imaginaire, et signa le tout, œuvre et préface, du nom de Joseph l'Estrange.

Le tour était encore plus habile que celui de la lettre de Maximilien.

Ce ne fut pas, du reste, la seule fois que Mérimée, toujours prudent, recourut à l'anonyme ou au pseudonyme en littérature. Il publia de la même façon la *Guzla*, — la *Jacquerie*, — la *Famille Carvajal*, — la *Chronique de Charles IX*, et même une partie de ses mémoires archéologiques.

En 1830 seulement, il dépouilla le voile du mystère.

La seconde édition du *Théâtre de Clara Gazul* contient des aveux explicites de paternité. L'auteur signe son œuvre et donne au public les raisons de la petite supercherie qu'il s'était antérieurement permise.

Il avait supposé que Clara Gazul, célèbre comédienne espagnole de son invention, fatiguée des règles et des entraves de la scène, avait écrit des pièces uniquement pour être lues.

C'était, comme on le voit, un excellent subterfuge pour échapper à la critique, ou du moins pour ne pas recevoir directement sur la main le coup de férule des Aristarques.

Le théâtre de Clara Gazul se composait d'abord de six pièces : les *Espagnols en Danemark* ; — la *Femme est un diable*, ou la *Tentation de saint-Antoine*, qui n'est autre chose que le *Moine* de Lewis, resserré en trois scènes admirables de naïveté et brûlantes de passion ; — l'*Amour africain* ; — le *Ciel et l'Enfer*, — et *Inès de Mendo*, divisée en deux parties : le *Préjugé vaincu* et le *Triomphe du préjugé*.

Cette dernière pièce est un véritable mélodrame, pareil à ceux des grands écrivains Dennery et Brisebarre, sauf pourtant le style.

Tout s'y trouve, duel, meurtre, jugement, sans compter le bourreau, qui se coupe la main pour ne pas procéder à l'exécution.

L'idée de ce grand prêtre de la hache est fort heureuse; car le roi, qui survient à la dernière scène, le fait gentilhomme, honneur que très-peu de bourreaux ont reçu, reçoivent ou recevront dans le cours des âges.

La pièce se dénoue par l'hymen de la fille du roi avec le noble condamné.

Dans la seconde édition, l'auteur joignit deux nouvelles pièces aux six premières. Elles ont pour titre : l'*Occasion* et le *Carrosse du Saint-Sacrement.*

En général, ces pastiches sont touchés

de main de maître, et la couleur locale est admirablement conservée.

Presque tout le monde crut à l'existence de la célèbre comédienne.

Chaque pièce du recueil a une épigraphe andalouse, castillane ou aragonaise, et les formes de la comédie espagnole y sont d'une imitation parfaite.

M. de Jouy fut peut-être le seul qui ne s'y laissa point prendre.

L'Ermite de la Chaussée-d'Antin ne manquait pas de flair. Il admira l'œuvre, tout en la déclarant apocryphe.

Prosper Mérimée venait quelquefois à son cercle, et le vieil académicien s'épandait en éloges tantôt sur le *Préjugé vaincu*, tantôt sur *la Femme est un diable*, ou sur quelque autre pièce du recueil.

Il s'amusait beaucoup de la confusion modeste de Mérimée.

— N'est-ce pas votre avis? lui demandait-il.

Le jeune homme était bien obligé de répondre affirmativement; mais le rouge lui montait aux pommettes.

— Allons, mon cher traducteur, disait le malin vieillard, vous manquez d'enthousiasme. Louez franchement avec nous le théâtre de mademoiselle Gazul. On vous en croirait presque l'auteur, tant vous vous montrez timide!

Ce premier livre de Mérimée passa d'abord inaperçu.

Sans les esprits d'élite qui le remarquèrent, peut-être serait-il enfoui, à cette heure, dans les bas-fonds de notre librairie intelligente.

A cette époque, du reste, les écarts les plus fougueux du romantisme avaient seuls le privilége d'attirer l'attention d'un public assommé de moyen âge et de couleur locale.

Peu à peu néanmoins les membres les plus distingués de la jeune école firent fête à ce nouvel et brillant auxiliaire.

Mérimée leur témoigna sa gratitude par des avances et par des concessions

qu'il regretta plus tard. Ses collègues im-
mortels (nous parlons de MM. les académiciens) lui en ont fait de graves re-
proches.

Mais à tout péché miséricorde. Le re-
pentir efface tout.

L'auteur du *Théâtre de Clara Gazul*
n'est plus ce jeune évaporé qui, dans les
salons de Victor Hugo, place Royale, dé-
finissait ainsi la littérature classique :

« — C'est la littérature à l'usage des
classes. »

Il n'a pas traité Racine de *polisson*,
comme tous ses amis d'alors; non, certes!
M. Mérimée a des mœurs trop dignes et
un langage trop rempli de convenance

pour employer des vocables de cette nature. Seulement il a dit :

« — Racine est le plus grand des écrivains qu'on ne lit pas. »

O palais Mazarin ! tu frémis sur tes bases, et tes lions poussent des rugissements!

Mais nous écrivons l'histoire.

Toujours est-il que les romantiques se constituèrent les prôneurs intrépides de Mérimée. Chacun, en les écoutant, prit fait et cause pour le livre méconnu, et *Clara Gazul* obtint, un peu tard, le succès le plus incontestable. L'auteur contribua puissamment à développer chez nous cet engouement pour l'Espagne auquel avant lui Victor Hugo, de Musset et Alfred de Vigny avaient déjà donné naissance.

Ce premier triomphe de Mérimée fut suivi d'un autre plus merveilleux encore.

En 1824, M. Fauriel avait publié les *Chants populaires de la Grèce*. L'œuvre avait excité l'intérêt le plus vif, non-seulement parce que toute l'Europe tenait alors les yeux fixés sur l'ancienne terre des Pélasges, mais aussi parce que le livre offrait une originalité romantique fort saisissante.

Mérimée, sous le titre de la *Guzla*, fit paraître un recueil de prétendus chants populaires slaves et dalmates.

La *Guzla* est le nom d'une espèce de guitare dont se servent les improvisateurs des provinces illyriennes.

Fidèle au système qui lui avait si bien réussi, l'auteur abdiqua sa personnalité littéraire. Il écrivit en tête du livre l'histoire d'un certain poëte, qu'il décora du nom d'Hyacinthe Maglanovich.

Pas n'est besoin d'ajouter que cette histoire est entièrement fabuleuse.

Jamais Hyacinthe Maglanovich n'a paru sous la calotte du ciel. Ses chants nationaux, ses légendes illyriennes, sont de fabrique parisienne pure.

Un bureau du ministère du commerce les a vus naître entre deux dossiers.

On peut dire que le pseudonyme a rendu Mérimée célèbre.

Ses audaces biographiques ne lui ont pas causé le moindre tort, et cela n'a rien de surprenant : il a raconté la vie de personnages qui n'ont point vécu.

Heureux écrivain!

Pourquoi n'avons-nous pas suivi son exemple?

La *Guzla* s'inspire d'un bout à l'autre du livre de M. Fauriel, ou plutôt elle l'imite avec un rare bonheur.

Ici comme là, ce sont des histoires de jeunes filles, de brigands et de vampires. La couleur et les détails sont les mêmes.

Seulement M. Mérimée a dû substituer des mots slaves aux noms harmonieux du Péloponèse.

Toute la France lut ce second ouvrage, et, cette fois, le succès ne se fit point attendre.

Il fut immédiat, solennel et complet.

Pas une nuance de réprobation. Chacun se trouva d'accord pour applaudir et pour acheter trois éditions successives.

Les romantiques se livrèrent aux transports du plus chaud enthousiasme. Victor Hugo, leur général en chef, écrivit de sa noble main cette flatteuse anagramme du nom de Prosper Mérimée :

PREMIÈRE PROSE.

3

Notre auteur conserva longtemps, comme son plus beau titre de gloire, cette anagramme tracée par le grand poëte au frontispice de la *Guzla*.

Dame critique elle-même se montra bien-veillante.

Un de ses plus hargneux ministres résuma par cette phrase remarquable son opinion sur le jeune auteur :

« M. Mérimée est jusqu'à ce jour le chef le plus brillant et le plus heureux qui ait paru à l'avant-garde romantique : c'est le Mazeppa d'une armée dont Victor Hugo est le chef. »

Y a-t-il une perfidie cachée sous le sens de cette phrase ?

A-t-on voulu dire que la course romantique de l'écrivain n'avait pas été libre, et
qu'on l'avait attaché sur le dos d'un cheval
sauvage, pour le faire dévorer par les loups
classiques?

La métaphore ne serait pas heureuse,
puisque les académiciens ont coupé les
cordes de la victime, et l'ont installée sur
un glorieux fauteuil, au lieu de la dévorer
toute crue.

Mais les critiques ont dit, et diront encore tant de sottises !

Plus d'une fois nous avons entendu re-
produire, au sujet de la *Guzla*, certaines
anecdotes qui, pour avoir cours, n'ont eu
d'autre mérite que leur absurdité même.

On a dit, par exemple, que l'auteur, avant d'écrire ce livre, avait reçu de son éditeur la somme nécessaire au voyage des provinces illyriennes. L'argent aurait été consacré à tout autre usage, et Mérimée aurait visité lesdites provinces sans quitter son cabinet de travail.

En admettant la chose comme authentique, l'œuvre n'en a pas moins été fort bien conçue, et la vente a dépassé toutes les espérances du libraire.

De quoi peut-on se plaindre, quand chacun est satisfait?

Un autre bruit courut, mais on soupçonne Mérimée de l'avoir propagé lui-même.

« Il a travaillé considérablement, di-
sait-on, à donner à cet ouvrage un air de
vérité. Tous les détails en sont d'une scru-
puleuse exactitude. »

Franchement, ceci est de l'exagération.

Le seul ouvrage consulté par l'auteur
est le livre de Fauriel. Il est vrai que Mérimée parle lui-même de recherches labo-
rieuses qu'il aurait faites dans le gigantesque volume de l'abbé Fortin sur les
provinces illyriennes ; mais, franchement,
nous ne voyons pas de quel secours a pu
lui être ce livre indigeste, qui ne parle
que de métallurgie, de botanique et de
géologie.

Toutefois le jeune auteur dut quelques

renseignements utiles à M. Fulgence Fresnel, fils du célèbre chimiste.

M. Fulgence Fresnel avait longtemps
voyagé dans les contrées slaves.

En 1828, parut la *Jacquerie*. Selon
nous, c'est la plus faible des productions
de notre auteur. Elle n'eut pas moins un
succès immense.

Décidément Mérimée devenait à la
mode.

Bons ou médiocres, ses livres étaient
lus.

Dans le cours de la même année s'im-
primèrent deux nouveaux ouvrages dus à
sa plume.

Le premier, qui a pour titre la *Famille Carvajal*, est d'une conception vraiment extravagante, et que ne rachètent ni quelques beaux traits semés çà et là, ni quelques chapitres heureux, ni la force du dialogue.

Un père, cédant à l'incestueuse passion de sa fille, empoisonne sa femme, et meurt lui-même, poignardé par sa détestable complice.

Le second ouvrage est une excellente critique sur la vie et les œuvres de Michel Cervantès, placée à la tête d'une nouvelle édition de *Don Quichotte*.

Enfin parut, l'année suivante, cette fameuse *Chronique du temps de Char-*

les IX, que l'on regarde avec raison comme l'un des meilleurs livres de Mérimée. Elle joint à l'intérêt du roman le mérite plus précieux de recherches historiques savantes, et nous croyons qu'elle égale, sous ce rapport, le *Cinq-Mars* de M. de Vigny.

Pendant que le livre lui-même obtenait les suffrages unanimes des lecteurs, la préface soulevait dans tous les journaux une polémique pleine de colère.

Mérimée, après avoir établi que l'appréciation morale d'une page d'histoire doit varier suivant le temps et les lieux, soutenait par des arguments aussi neufs que hardis qu'un massacre au seizième siècle n'était pas un crime analogue à un fait de la même nature reproduit de nos jours. Il voyait, en un mot, dans la Saint-Barthélemy, non la conjuration d'un roi contre une partie de ses sujets, mais le résultat d'une émeute contre les protestants.

Il lui arriva plus d'une fois, dans les questions historiques et dans les questions de beaux-arts, de soutenir des thèses de ce genre.

Ceux qui l'accusent de paradoxe nous semblent beaucoup plus éloignés que lui du juste et du vrai.

Par exemple, Mérimée déclare que les portes du Louvre doivent être fermées le dimanche, et voici les raisons qu'il donne :

« Ce jour-là, une foule de bonnes, d'ou-

vriers, de soldats, viennent se promener
dans la galerie par pur désœuvrement.
Ils regardent l'*Intérieur* d'une cuisine
par Drolling, où le *Jugement dernier* de
je ne sais quel vieux peintre allemand;
mais, en général, ils ne font aucune attention aux ouvrages des grands maîtres,
qui ont le malheur d'être un peu noirs et
ternis. Le résultat de leur promenade est
une poussière horrible qui nécessite de
fréquents nettoyages, et c'est ce qu'il y a
de plus préjudiciable pour les tableaux.
Je voudrais, ajoute Mérimée, qu'on ne
montrât tant de chefs-d'œuvre qu'à ceux
qui pourraient ou qui voudraient les ap-
précier. »

Nous sommes entièrement de son avis.

Offrir des tableaux en spectacle au peuple, sans lui donner en même temps la
connaissance, l'admiration et le respect
des chefs-d'œuvre, c'est vouloir qu'il re-
nouvelle souvent, dans ce malheureux pays
exposé aux tourmentes révolutionnaires,
les scènes de vandalisme de la cour du
Palais-Royal, en 1848.

Considérant la plus belle peinture comme un simple objet d'ornement et de luxe,
le peuple la brûle avec une joie toute républicaine.

Mérimée est de première force en critique d'art.

A la fin de 1828, il visita les musées
de l'Espagne, et, quelques années après,
il se livra, par ordre du gouvernement, à

de sérieuses études d'archéologie dans le midi de la France.

La Révolution de 1830 arrêta pour quelque temps l'essor du jeune écrivain.

Elle lui créa, dans la carrière administrative, de nouvelles et importantes occupations.

Immédiatement après les Trois Jours, M. le comte d'Argout, appelé au ministère du commerce, nomma Mérimée chef de son cabinet.

L'auteur de *Clara Gazul* était alors âgé de vingt-sept ans.

Modeste et plein de défiance de lui-même, il voulut décliner l'honneur de ce haut emploi. Mais son mérite était connu.

Le ministre ne jugea pas à propos de se priver des services du jeune homme, et la muse de l'inspiration replia ses ailes, pendant qu'il se livrait à de fatigants et insipides labeurs.

Enfin on lui permit de résigner ses fonctions.

Il entra au ministère de la marine en qualité de chef de bureau. Là, il reprit, avec ses anciens loisirs, ses chères études et ses relations littéraires.

Ce fut à cette époque, — nous le croyons du moins, — qu'il fut envoyé dans nos régions méridionales.

A son retour, il publia le livre qui a

pour titre : *Notes sur le midi de la France.*

A propos de cet ouvrage, M. Philarète Chasles, quelquefois injuste dans ses appréciations, a écrit sur Mérimée les lignes suivantes :

« C'est l'auteur le plus froid et le plus sec de notre époque. Ne dirait-on pas que le génie français actuel est un génie technique et architectural; plongé dans la science des archivoltes et des pilastres, mesurant les ogives, respectueux pour le passé et plein de vénération pour l'antiquité féodale? Le ton pédant de M. Mérimée est tout bonnement la prétention d'un écrivain qui, après avoir sculpté quelques romans à la manière de Scott, et quelques dramès dans le style misanthropique et acerbe de lord Byron, se constitue aujourd'hui l'imitateur artistique de Gœthe. Faute de véritable enthousiasme pour l'art, il se met en frais de technologie inutile et de science apprêtée. »

N'admirez-vous pas comme la langue française, réputée si ingrate, se prête à l'éreintement sous la plume d'un critique?

Ailleurs, M. Philarète Chasles appelle notre héros « le glacial Mérimée, historien des beaux-arts en fort mauvais style. »

La *Chronique de Paris*[1] a eu le mal-

[1] Dans ses numéros des 6 septembre et 29 novembre 1835.

heur d'imprimer ces jugements bizarres,
que n'a jamais ratifiés le public.

Appelé par sa position, par l'aisance
dont il jouissait, par des goûts fort natu-
rels à son âge, à vivre dans le monde
-fashionable et à partager ses plaisirs, Mérimée sut toujours préserver son cœur
des séductions incompatibles avec le travail.

Il ne renonça jamais à ses habitudes
studieuses.

Dès l'année 1829, il a définitivement
pris son rang, et un rang distingué, dans
la littérature.

Aussi toutes les *Revues* qui paraissent
après la Révolution de juillet cherchent-

elles à l'attirer au nombre de leurs rédac-
teurs.

Sa collaboration contribue puissamment
au succès des deux plus remarquables, la
Revue de Paris et la *Revue des Deux
Mondes*.

Ce fut dans ces recueils qu'il publia,
de 1830 à 1845, cette foule de char-
mantes nouvelles qui s'intitulent *Car-
men*, — *Tamango*, — les *Ames du Pur-
gatoire*, — la *Partie de Tric-Trac*, —
le *Vase étrusque*, — la *Double Méprise*,
une de ses études les plus fines et les plus
consciencieuses, et qui est la contre-partie
de la *Duchesse de Langeais*, de Balzac.

N'oublions pas de citer la *Vénus d'Isle*,

— *Arsène Guillot*, — l'*Abbé Aubain*, — et *Colomba*, un chef-d'œuvre.

La grâce exquise du talent de M. Mérimée nous frappe moins encore peut-être que la souplesse et la variété de ce même talent.

On peut dire de l'illustre écrivain qu'il est doué du rare privilége de pouvoir aborder les sujets les plus divers, en restant toujours vrai, toujours plein d'inspiration et de charme.

Depuis la *Chronique du XVI*ᵉ *siècle* jusqu'aux *ballatas corses;* depuis les *pantoums* malais jusqu'aux légendes illyriennes, on trouve dans ses œuvres les observations les plus délicates sur notre société raffinée, et, — n'en déplaise à M. Philarète Chasles, — une foule de détails archéologiques curieux, nombre d'histoires pleines d'intérêt sur un bas-relief, sur un vase, sur une statue antiques.

Grâce à ce talent multiple, plein d'élasticité, de verve et de finesse, Mérimée a pu demander des inspirations à toutes les contrées de l'Europe.

Il a choisi la Suède pour le théâtre d'une de ses nouvelles, la *Vision de Charles XI.*

Il a fait connaître aux lecteurs français la littérature et le théâtre russes, en traduisant Pouschkine et Gogol.

Partout, à Stockholm comme à Paris, à

Saint-Pétersbourg comme sur les rives de l'Adriatique, il s'est trouvé sur son terrain.

Quand Mérimée dépose la plume et ne se sert que de la parole, il conserve le plus délicieux talent de conteur qu'il soit possible d'admirer de nos jours.

Ceci est généralement reconnu, et jamais réputation ne fut mieux méritée.

A vingt ans on l'entendait regretter tout haut le vide que fait la civilisation moderne parmi les professions libérales, en transportant presque uniquement dans les œuvres écrites cet art merveilleux du récit, que les Orientaux, disait-il, se sont bien gardés de proscrire.

C'était un des rêves favoris de sa jeunesse de s'imaginer un cercle de vrais croyants, les jambes nues et croisées, l'œil sérieux et l'oreille ouverte, au milieu desquels il se trouvait assis lui-même, entamant quelque vieux conte, brodé par son imagination d'arabesques fantastiques.

Il voyait ces solennelles figures se détendre, au gré de son caprice, sous un rire irrésistible, ou ces yeux noirs et expressifs s'humecter de larmes.

Nous reproduisons ce rêve de Mérimée presque dans les mêmes termes dont il s'est servi pour le peindre.

Mais l'Orient est trop loin. La vie du pauvre conteur arabe est aujourd'hui dépoétisée, et notre écrivain n'a plus vingt ans:

C'est dans un salon bien clos, en hiver, au coin de l'âtre, devant la bûche qui pétille et flambe, qu'il aime à impressionner de ses récits un cercle de jeunes femmes attentives.

Derrière elles se tient le cercle plus grave des maris qui écoutent.

Alors Mérimée raconte, il raconte sans fatigue, il raconte sans cesse, et l'on peut dire qu'il s'amuse autant des jeux de son esprit et de sa pensée que les auditeurs dont il se charge d'égayer les loisirs.

Ce qui frappe le plus dans les œuvres

de notre écrivain, c'est la sobriété de sa phrase et la sûreté de son goût.

Il attache à sa plume cette sage devise :

« *Rien de trop.* »

Quelquefois même on pourrait lui reprocher de se montrer par trop économe de ses rares et excellentes qualités.

En ouvrant les œuvres d'Alfred de Musset, nous trouvons sur le héros de cette notice les vers qui vont suivre :

L'un, comme Calderón et comme Mérimée,
Incruste un plomb brûlant sur la réalité,
Découpe à son flambeau la silhouette humaine,
En emporte le moule, et jette sur la scène
Le plâtre de la vie avec sa nudité.
Pas un coup de ciseau sur la sombre effigie.
Rien qu'un masque d'airain, tel que Dieu l'a fondu.
Cherchez-vous la *morale* et la *philosophie ?*
Rêvez, si vous voulez... Voilà ce qu'il a vu !

Pas un coup de ciseau est un fort bel hémistiche.

Mais l'auteur de *Rolla* voudra bien nous permettre de soutenir qu'il s'applique mal à Mérimée, le premier peut-être de nos sculpteurs littéraires, après Balzac.

Quant à la *morale* et à la *philosophie*, on s'exposerait à de longues et inutiles recherches, si l'on s'obstinait à vouloir les trouver chez M. Alfred de Musset.

Cependant Mérimée donnait une suite à son *Voyage dans le midi de la France*, publié en premier lieu sous forme de rapports au ministre de l'intérieur.

Le *Voyage dans l'Ouest* de la France, — le *Voyage en Auvergne* et dans le

Limousin, — les *Notes d'un voyage en Corse* doivent être considérés comme des notices archéologiques aussi savantes que précieuses.

Il imprima sur les poésies de Guin Clov, barde breton du sixième siècle, un autre ouvrage plein d'une érudition remarquable.

Seulement il eut le tort de s'attribuer la découverte de ces poésies, malgré les réclamations de M. de Villemarqué, leur véritable Christophe Colomb.

La première récompense que Mérimée obtint de ses travaux scientifiques fut de succéder à M. Vitet, en 1835, comme inspecteur général des monuments historiques de France.

La seconde, plus belle et plus enviée, fut son admission à l'Académie des inscriptions et belles-lettres, au mois de novembre 1843.

Il y avait avec lui d'autres candidats à la place laissée vide par le marquis de Fortia d'Urban, cet ex-colonel des milices du pape, devenu mathématicien, géographe et antiquaire.

MM. Onésyme Leroy, Ternaux-Compans et de la Grange disputaient les votes à Mérimée.

La lutte ne fut pas longue, et celui-ci fut élu au premier tour de scrutin, par vingt-cinq voix sur trente-huit votants.

Après la récompense de ses travaux

scientifiques, l'auteur de *Colomba* ne tarda point à recevoir celle de ses travaux littéraires.

Casimir Delavigne et Charles Nodier venaient de mourir.

Parmi les concurrents nombreux qui ambitionnaient leur fauteuil académique, on comptait Sainte-Beuve, Casimir Bonjour, Aimé Martin, Vatout, Alfred de Vigny, Émile Deschamps et Onésyme Leroy, que sa première défaite n'empêchait pas de se présenter dans cette seconde lice.

Balzac lui-même avait résolu de se mettre sur les rangs.

Mais, comme il ne convenait pas à sa fierté de s'exposer à un échec, il fit sonder

le terrain par des amis moins brouillés qu'il
ne l'était lui-même avec la docte corpora-
tion.

Ses ambassadeurs allèrent trouver tour
à tour trois membres de l'Académie appar-
tenant chacun à l'un des partis qu'on voit
y exercer le plus d'influence.

Ces trois messieurs témoignèrent presque de la surprise lorsqu'on leur exposa
la prétention de l'auteur d'*Eugénie Gran-
det*.

Leurs réponses furent vagues et sans
espoir.

Ce qu'il y eut d'étrange, ainsi que nous
l'avons déjà fait connaître, c'est qu'ils ne
prirent même pas la peine de discuter le

mérite du candidat. Leurs motifs d'hésita-
tion partaient d'une autre source, comme,
du reste, on peut le comprendre à la réponse du plus franc... pardon, nous vou-
lons dire du plus étourdi d'entre eux.

Après une longue dissertation sur les
romans, le style et la pureté de la langue,
ce noble immortel s'écria, pour conclure :

« — Enfin, M. de Balzac n'est point
dans un état de fortune convenable ! »

Quand le romancier apprit cette réponse,
il entra, comme nos lecteurs le savent,
dans une de ces grosses colères qui allaient
à sa nature.

« — Ah! ah! dit-il, marchant à grands
pas, frappant du pied et serrant les poings,

ah! ces beaux messieurs de l'Académie ne veulent point de mon honorable pauvreté? eh bien, ils se passeront plus tard de ma richesse ! »

Balzac, à cette époque, avait l'intime conviction qu'il allait se faire deux cent mille livres de rente en vendant *quinze sous* pièce le nombre incalculable d'ananas qu'il prétendait faire pousser, en dépit du climat, dans ses plates-bandes des Jardies.

Cependant les Quarante se trouvaient fort embarrassés dans leur choix.

Il se présentait, d'une part, certaines réputations établies sur un talent incontestable, mais entachées de romantisme, et, de l'autre, quelques auteurs classiques d'une médiocrité désespérante.

Que faire?

La situation était de la plus haute gravité, car le public, encore sous l'empire de haines vigoureuses et d'affections enthousiastes, attendait dans un silence redoutable le résultat du vote.

Mérimée ne posa pas d'abord sa candidature.

Il avait trop de prudence naturelle, et la gloire patentée ne le tentait pas assez fort, pour qu'il s'exposât à une rebuffade.

Ses futurs collègues firent les premiers pas.

A tout prendre, ils aimaient mieux choisir un romantique doux, que les classiques eux-mêmes pouvaient revendiquer au besoin, qu'un *révolutionnaire* comme Alfred de Vigny, par exemple.

Tout se passa dans les meilleurs termes.

Opposant d'abord une résistance polie et pleine de tact, Mérimée peu à peu se laisse convaincre et séduire..

Il rend visite aux différents membres de l'illustre corps, non pas en candidat, mais en homme du monde. On cause de la pluie, du beau temps, de la Chambre, de la Bourse, des théâtres; mais de l'Académie, pas un mot.

Ses visites terminées, il attend le résultat du scrutin.

Le jour solennel arrive.

C'était le 14 mai 1844.

On procède aux élections, et Sainte-Beuve hérite d'emblée du fauteuil de Casimir Delavigne.

Celui de Nodier se dispute avec plus de chaleur, et la victoire est un instant douteuse.

Quelques défections apparentes se remarquent au premier tour de scrutin. Çà et là des voix s'égarent systématiquement sur chacun des candidats, afin de consoler un peu ces victimes nécessaires.

Après avoir flotté quelque temps dans cette indécision pleine de politesse, la majorité se rallie brusquement et fait sortir de l'urne le nom de Mérimée.

Classiques et romantiques, tout le monde crie victoire.

On s'embrasse, on se félicite; l'Académie entière est dans le ravissement, et les acteurs applaudissent avec naïveté au succès d'une pièce dont ils ont eux-mêmes pris soin de se distribuer les rôles.

Le seul M. Vatout, accablé de douleur et de désespoir, va cacher son nouveau désastre au fond du parc de Neuilly.

Ce triste candidat, nous sommes obligé

de le consigner dans cette histoire, en était à son huitième Waterloo.

Voilà donc Mérimée en possession du fauteuil de l'auteur de la *Fée aux Miettes*.

Tout récipiendaire est obligé de prononcer un discours à la louange de son prédécesseur, et le nouvel académicien se trouve dans un embarras extrême.

D'une part, les romantiques affirment que Charles Nodier n'a jamais abandonné leur école, et les classiques le revendiquent, de l'autre, avec un acharnement incroyable.

A qui l'orateur va-t-il donner raison?

Comme Sainte-Beuve, Mérimée n'est pas homme à subtiliser et à raffiner sur le talent d'autrui.

Les ambages et les détours sont antipathiques à sa nature.

Il se borna tout simplement à caractériser par des traits généraux la manière et le style de l'auteur de *Jean Sbogar*; puis, comme s'il eût préféré l'homme à l'écrivain, il se lança dans le champ biographique, et n'en sortit plus.

Quant aux questions dangereuses de couleur littéraire et de drapeau, le nouvel élu ne les aborda que par des demi-mots et des réticences.

Mais l'illustre Viennet, chargé de lui

répondre, au nom de l'illustre Étienne,
retenu au lit par la goutte, n'imita point
sa réserve.

Arbogaste a la rancune chevillée dans
l'âme.

Tout en félicitant l'auteur du *Théâtre
de Clara Gazul,* il ne manqua pas d'exé-
cuter une charge à fond de train contre
le romantisme et contre son chef.

On n'a jamais bien compris comment
Victor Hugo put résister aux phrases ac-
cablantes qui vont suivre :

« En rappelant tous vos titres, disait
Arbogaste au récipiendaire, puis-je en
omettre un qui vous assurait des droits
aux préférences de l'Académie? C'est le

naturel, la clarté du style, la clarté surtout, qui disparaît de plus en plus des
écrits de notre temps, et qu'il nous appartient de remettre en honneur. Épris,
comme tant d'autres, de la nouveauté,
vous ne l'avez point cherchée dans la
bizarrerie. Vous avez le secret d'être
original sans cesser d'être vrai. Chez
vous, la pensée n'a rien de vulgaire ;
vous ne recourez pas, pour la revêtir
d'un faux air de grandeur, à l'éclat des
mots et au luxe des métaphores, » etc.

Si Victor Hugo passe à la postérité,
que le scandale retombe sur d'autres !

M. Viennet, Dieu merci, n'a pas ap-
porté sa pierre à cet édifice monstrueux
de la gloire romantique : tour de Babel

gigantesque, achevée en dépit de la confusion des langues, et qui, si l'on en croit Arbogaste, épouvantera les âges futurs.

Une fois assis dans le fauteuil académique, Mérimée se montra le plus ferme soutien du grand parti de l'ordre.

Beaucoup de ses collègues adoptent la tenue de fantaisie, et viennent aux séances en bizets.

Jamais l'auteur de *Colomba*, même pour les réunions ordinaires, ne s'est permis d'entrer au palais Mazarin sans être revêtu de l'habit à palmes vertes le plus irréprochable.

Il n'y a qu'un seul membre du docte

corps qui ait pu rivaliser avec lui sur ce terrain.

C'est le baron Pasquier.

Immédiatement après le sac des Tuileries en 1848, et lorsque le château se trouvait au pouvoir du peuple vainqueur, Mérimée fut chargé, avec MM. Laborde et Châlons d'Argé, de mettre obstacle au pillage.

Ses collègues et lui recherchèrent dans les appartements du palais, au milieu d'un désordre impossible à peindre, tous les objets d'art qui méritaient d'être conservés.

La mission n'était certes pas sans péril.

Nos commissaires l'accomplirent avec courage et avec bonheur.

Il fut constaté qu'aucun objet d'un grand prix artistique n'avait disparu. Bijoux, tableaux, bronzes, statuettes, vaisselle précieuse, tout fut sauvé, ou à peu près.

Ces messieurs arrachèrent, nous ne dirons pas au vol, mais au saccage et à la ruine, une foule d'objets, représentant la valeur de plus de quatre millions de francs.

Mérimée n'appartenait pas à l'opinion républicaine.

Son attachement à la dynastie de la branche cadette était connu. L'ordre de choses l'avait gratifié, pendant dix-huit ans, d'une brillante et riche sinécure à la marine. On la lui laissa, comme témoignage de gratitude pour le service qu'il venait de rendre.

Les Provisoires, qui chassaient des emplois toutes les créatures de Louis-Philippe, respectèrent Mérimée.

On ne vit en lui que l'homme de talent, dont les efforts généreux venaient de préserver de la destruction nombre de monuments historiques, et qui, dans ces jours difficiles, donnait une nouvelle preuve de son dévouement pour l'art.

Mérimée fut peut-être le seul fonctionnaire qui put conserver sa position sans se mettre à genoux devant la République, et sans témoigner aux gouvernants d'alors un enthousiasme et une sympathie qu'il n'éprouvait en aucune sorte.

Il continua ses travaux littéraires, et fit paraître deux nouveaux ouvrages : une *Histoire de Don Pèdre Ier* et des *Études sur l'histoire romaine*, qui réveillèrent toutes les accusations de paradoxe que le journalisme avait autrefois lancées contre lui.

Dans ce livre, Mérimée s'attache à effacer du front de Catilina le stigmate honteux du crime, que lui ont imprimé jusqu'à nos jours les harangues cicéroniennes.

Notre écrivain sait parfaitement l'anglais.

Tous les chefs-d'œuvre de la littérature d'Outre-Manche lui sont familiers. Il déclare à qui veut l'entendre que cette littérature n'a qu'un tort, celui de n'être pas assez connue en France.

Il a vu de tout temps et voit encore la meilleure société anglaise.

Lorsqu'une célébrité des lettres ou de la science nous débarque de l'Angleterre ou de l'Amérique, Mérimée s'institue son guide.

Il fut un des Français que Fenimore Cooper reçut avec le plus d'empressement pendant son séjour à Paris.

Le chantre de Bas-de-Cuir logeait rue du Bac.

Six mois durant, il y occupa un petit entre-sol, où Mérimée lui rendait visite tous les soirs. Leurs entretiens littéraires se continuaient souvent jusqu'à une heure fort avancée de la nuit.

Quand le citoyen de la libre Amérique voulut voir comment était bâti un roi constitutionnel, ce fut Mérimée qui lui procura l'occasion de satisfaire ce senti-ment curieux.

Par sa position officielle et par ses ré-lations avec M. d'Argout, il obtint à Fé-nimore une audience particulière de S. M. Louis-Philippe.

On sait l'effet que produisit cette audience sur le *Yankee* railleur ; il l'a consignée dans ses *Monikins*.

Entre nous, sa critique n'a rien de condamnable.

Louis-Philippe avait l'air de tout, excepté d'un roi.

Un autre littérateur étranger, dont le talent, pour la science d'observation et la fine fleur de fantaisie, se rapproche beaucoup de celui de l'auteur de *Clara Gazul*, eut l'avantage, comme Cooper, d'avoir dans notre capitale Mérimée pour cicerone.

L'estime réciproque du caractère les unit bientôt étroitement.

Par malheur, les relations affectueuses entre gens de lettres ne sont jamais bien solides, et Dickens alla faire à ses amis, de l'autre côté de la Manche, certaines confidences qui le brouillèrent avec l'écrivain français.

A Londres, il s'avisa de dire tout bas et bien discrètement à deux ou trois cents personnes tout au plus :

— Savez-vous ce qui manque à M. Mérimée pour faire un véritable ami?

— Non. Quoi donc? lui demandait-on.

— L'amitié, répondait Dickens. Tout ce qu'il en peut donner, il le réserve pour lui-même.

Ceux qui connaissent le héros de ce petit livre trouvent l'accusation d'une injustice révoltante. L'auteur anglais a très-probablement suivi le système qui consiste à traiter un homme de corsaire pour ne pas être appelé pirate.

Plusieurs fois Mérimée a traversé le détroit; mais son séjour à Londres n'a jamais été bien long.

Vers la fin de 1848, à son dernier voyage, il alla visiter dans son exil le vieux roi des Français, qui lui avait donné, en plusieurs circonstances, des marques d'affection toutes particulières.

Les hôtes de Claremont lui firent fête,

et, ce jour-là, les oreilles durent corner à
nos républicains.

Revenu à Londres, après cette visite,
notre héros eut l'honneur d'être présenté
à la reine Victoria par lord Brougham,
son collègue de l'Institut.

Ce qui lie surtout Mérimée à la haute
aristocratie anglaise, c'est le mérite incontestable d'archéologue qui le distingue.

Par bon ton plutôt que par goût, les
grands seigneurs anglais se posent en
admirateurs intrépides des monuments
de l'antiquité. C'est donc une véritable
joie pour eux de pouvoir rencontrer à
Paris un homme de talent, versé dans la
matière, et qui unit à cet avantage ceux

6

d'occuper un rang élevé dans la société française, de posséder une fortune considérable, et d'être lui-même quasi Anglais par la connaissance profonde de la langue et des mœurs britanniques.

Aussi la maison de notre académicien est-elle constamment peuplée de lords et de ladys.

L'alliance anglaise, dans ces derniers temps, l'a presque forcé d'agrandir ses salons.

Une jeune Parisienne, élevée à Londres, se trouvait un soir à un thé chez des Anglais.

Notre auteur était au nombre des invités.

On parlait littérature. Mérimée vantait Shakspeare dans la langue de ses hôtes et en parlait avec enthousiasme.

La dame, après l'avoir écouté, se tourna vers son mari :

— Ah ! mon Dieu ! dit-elle en français, que ces gens-là sont donc engoués de leur Shakspeare ! On voit bien qu'ils n'ont jamais lu Racine.

Mérimée avait tout entendu.

Il se pencha vers la jeune femme, et dit, en s'inclinant avec politesse, mais sur un ton de fine raillerie :

— Je cherchais à les en consoler, madame.

Ces mots venaient d'être prononcés dans l'accent parisien le plus pur.

Honteuse de sa méprise, la pauvre jeune femme rougit et balbutia quelques excuses; mais quel ne fut pas son trouble, nous dirions presque sa honte, lorsque, cinq minutes après, elle sut le nom de son interlocuteur!

Mérimée, pour y mettre un terme, fut obligé de saisir un prétexte et de quitter le salon.

Quelquefois notre héros eut des aventures moins flatteuses.

Toute chose, en ce monde, a son mauvais côté. L'obligeance et la sympathie de l'écrivain pour les Anglais ne lui a pas toujours donné des satisfactions d'amour-propre.

Un soir de fête publique, il aperçoit dans la foule deux dames, dont l'embarras extrême se devinait à leur figure inquiète et presque bouleversée.

— Ce sont deux étrangères, se dit-il.

Aussitôt il s'approche et demande s'il peut leur être agréable en quelque chose.

L'une de ces dames lui répond, en français britannique :

— Haô!... le voiture!... Nous avoir perdu le voiture!

Elles expliquent à Mérimée que le fiacre

qui les a conduites a disparu, qu'elles ne
connaissent point Paris, et qu'elles ignorent complétement dans quel quartier elles
se trouvent.

Tout chevalier galant offre son bras en
pareille circonstance.

Mérimée, qui avait affaire à deux Anglaises, présenta son bras droit à l'une,
son bras gauche à l'autre, les aida vaillamment à traverser la foule, et se diri-
gea vers la station de fiacres la plus pro-
chaine.

Les dames étaient vieilles, et partant la
conversation fut à peu près nulle.

Arrivées devant un café vivement

éclairé, les trois personnes purent se voir à plein visage.

Il paraît que la figure de Mérimée causa une surprise peu agréable à l'une des filles d'Albion; car, se penchant en arrière, elle dit en anglais à sa compagne :

— Vraiment, ma cousine, ce monsieur est d'une politesse charmante; mais, juste ciel, qu'il est laid !

Notre héros tressaille, s'arrête court, lâche le bras des deux Anglaises, ôte son chapeau, et dit, dans la même langue, à celle qui venait de parler :

— Ah! madame, quand on est aussi jolie que vous l'êtes, on devrait se montrer plus indulgente!

Inutile d'ajouter que la vieille était affreuse.

Les deux Anglaises jetèrent un cri de saisissement, prirent la fuite, et courent encore.

Sous la seconde République, on intenta, chacun le sait, à M. Libri un procès pour soustraction de livres.

Or, si M. Libri est réellement coupable, voilà qui vient singulièrement confirmer l'opinion de Bernardin de Saint-Pierre au sujet de l'influence du nom d'un individu sur sa conduite.

S'appeler *Libri* et voler des livres, quelle bizarre coïncidence!

Mérimée était l'ami du savant Italien.

Ce procès lui fournit une belle occasion de démentir publiquement la renommée d'égoïsme que lui avait faite Charles Dickens.

Il ne croyait pas M. Libri coupable.

Tous ses efforts, toutes ses démarches, toute son influence, furent employés à éclairer les juges et à les convaincre de l'innocence de son ami.

Par malheur, il ne réussit pas à le sauver d'une condamnation.

La sentence rendue, Mérimée publia une brochure où il attaquait très-vivement, et, disons-le, avec beaucoup de logique, ce qu'il croyait, ce qu'il croit encore une déplorable erreur du tribunal.

Cette brochure attira sur sa tête les foudres de la police correctionnelle.

M. Mérimée, aujourd'hui sénateur de l'Empire, fut condamné à un mois de prison, pour attaque à la chose jugée. Les hommes de cœur le félicitent d'avoir osé encourir cette peine en prenant la défense d'un ami malheureux.

Tantum infelicem nimium dilexit amicum!

FIN.

MÉMOIRES

DE

NINON DE LENCLOS

PAR

EUGÈNE DE MIRECOURT

Auteur des *Confessions de Marion Delorme*

Précédées d'un

COUP D'ŒIL SUR LE RÈGNE DE LOUIS XIV

PAR MÉRY

Cette nouvelle édition, que nous publions
en 240 livraisons à 5 centimes, formera 2 magnifiques volumes grand in-8 de 480 pages
chacun, imprimés sur papier jésus; 36 GRA-
VURES sur bois et sur acier illustreront cet
ouvrage.

PRIX DE L'OUVRAGE COMPLET :

2 volumes grand in-8 jésus, illustrés par
J.-A. BEAUCÉ, 12 francs.

On souscrit à Paris

Chez GUSTAVE HAVARD, Libraire-Éditeur
19, boulevard de Sébastopol (rive gauche)
et rue de la Harpe.

CONFESSIONS

DE

MARION DELORME

PAR

EUGÈNE DE MIRECOURT

Auteur des *Mémoires de Ninon de Lenclos*

Précédées d'un

COUP-D'ŒIL SUR LE RÈGNE DE LOUIS XIII

PAR MÉRY

Cette cinquième édition, que nous publions en 240 livraisons à 5 centimes, formera 2 magnifiques volumes grand in-8 de 480 pages chacun, imprimés sur papier jésus; 36 gravures sur bois et sur acier illustreront cet ouvrage.

PRIX DE L'OUVRAGE COMPLET :

2 volumes grand in-8 jésus, illustrés par J.-A. BEAUCÉ, 12 francs.

On souscrit à Paris

Chez GUSTAVE HAVARD, LIBRAIRE-ÉDITEUR
19, boulevard de Sébastopol (rive gauche)
et rue de la Harpe.

25 c. la livraison — ÉDITION DE BIBLIOTHÈQUE — Chaque vol. : 5 fr.

OEUVRES COMPLÈTES

DE

VICTOR HUGO

19 VOL. IN-8 PAPIER CAVALIER VÉLIN

ÉDITION DE LUXE

ORNÉE DE 100 GRAVURES SUR ACIER ET SUR BOIS

D'APRÈS

Johannot, Gavarni, Raffet, A. Béaucé, etc.

ET D'UN BEAU PORTRAIT DE L'AUTEUR

❖

Prospectus

L'initiative du mouvement littéraire appartient encore à Victor Hugo.

Celui que Chateaubriand avait baptisé du nom d'enfant sublime reste le poëte le plus incontesté, l'artiste le plus original de notre temps. Lyrique, dramatique, archéologue, orateur, il est toujours lui-même; son génie ne perd pas dans la variété la force de l'empreinte : c'est toujours la même puissance d'inspiration, la même vigueur de tempérament.

Quoique le succès des *Contemplations* nous interdise d'assigner une limite à son œuvre, le moment semble venu de la présenter dans son ensem-

ble, pour en faire mieux juger et admirer les pro-
portions.

Aussi n'avons-nous rien négligé pour que cette
édition répondît à la renommée de l'auteur et à
l'empressement du public.

———

Cette nouvelle édition des œuvres complètes de
Victor Hugo comprendra, outre toutes les œuvres con-
tenues dans l'édition Furne de 1841, toutes celles pa-
rues en France depuis cette époque et dont le détail
est ci-contre. La tomaison par genre d'ouvrages que
nous adoptons permettra d'ajouter successivement les
nouveaux ouvrages de l'auteur, à mesure qu'ils se pro-
duiront.

———❦———

CONDITIONS DE LA SOUSCRIPTION

L'ouvrage formera 19 volumes in-8° papier cavalier vélin,
imprimés en caractères neufs. L'édition sera ornée d'un portrait de l'auteur et de 100 vignettes, gravées sur acier et sur
bois d'après GAVARNI, JOUANNOT, RAFFET, BEAUCÉ, etc. Elle
sera publiée en 380 livraisons, composées de 16 pages avec
gravures ou de 24 à 32 sans gravures.

PRIX DE CHAQUE LIVRAISON : 25 CENT.

Il paraît une ou deux livraisons par semaine.

ON SOUSCRIT AUSSI PAR VOLUMES BROCHÉS AVEC GRAVURES

PRIX DE CHAQUE VOLUME : 5 FR.

Il paraît un volume par mois.

———

ON SOUSCRIT A PARIS

CHEZ ALEXANDRE HOUSSIAUX, ÉDITEUR
RUE DU JARDINET-SAINT-ANDRÉ-DES-ARTS, 3

GUSTAVE HAVARD, LIBRAIRE, RUE GUÉNÉGAUD, 15

Et chez tous les libraires de Paris et des départements

CONTENU DE L'ÉDITION

POÉSIE

TOME I
Odes et Ballades.

TOME II
Les Orientales.

TOME III
Les Feuilles d'Automne.
Les Chants du Crépuscule.

TOME IV
Les Voix intérieures.
Les Rayons et les Ombres.

TOMES V ET VI
Les Contemplations.

DRAME

TOME I
Cromwell.

TOME II
Hernani.
Marion Delorme.
Le Roi s'amuse.

TOME III
Lucrèce Borgia.
Marie Tudor.
Angelo.

TOME IV
Ruy Blas.
Les Burgraves.
La Esméralda.

ROMAN

TOME I
Han d'Islande.

TOME II
Bug-Jargal.
Dernier Jour d'un Condamné.
Claude Gueux.

TOMES III ET IV
Notre-Dame de Paris.

ŒUVRES DIVERSES

TOME I
Littérature et Philosophie.

TOMES II, III ET IV
Le Rhin.
Lettres à un Ami.

TOME V
Œuvres oratoires 1840-1850.

Le prix de 5 fr. le volume n'est que pour les souscripteurs à cette nouvelle édition. Les *Œuvres oratoires* et les *Contemplations*, formant trois volumes, qui paraîtront dans le cours de la Souscription, et qui sont le complément de l'édition Furne en 16 volumes, — se vendront, les trois volumes ensemble, au prix de 18 fr.